Trooswoorde

Anine Fischer

Malherbe Uitgewers Publikasie

Outeur: Anine Fischer
Voorbladontwerp: Malherbe Uitgewers

Geset in Franklin Gothic Book 12pt

Alle regte voorbehou
Kopiereg ©Anine Fischer
ISBN 978-1-991455-69-7
Eerste Uitgawe 2025

Hierdie boek mag nie sonder skriftelike verlof van die uitgewer of skrywer gereproduseer of in enige vorm of langs enige elektroniese of meganiese weg weergegee word nie, hetsy deur fotokopiëring, plaat- of bandopname, mikrofilm of enige ander stelsel van inligtingsbewaring.

Inhoud

Kieliekind 1

Koggelkind 2

Die Voëltjie-Vergadering 4

Suurlemoene in Sorrento 8

As jou woede in my worstel 9

Dear 10

Home is where the heart is 12

There Once Was a Woman 13

Kersfees in Kathu 14

My Stofpad-Koning 17

Hesti-kind 19

Petrus prinses 21

Hanna-vrou 22

Witte wolke wonder-God 23

Ek groet jou 25

Holy Ground 26

Geleende Tyd 27

In die fladder van die vlinders 28

Legacy 30

Life in death 31

Treurwilger trane 35

Ouma Letta 36

Pad in die woestyn 37

Skemerson 39

Sometimes 40

Sonstraalsoene 42

Today tomorrow 44

Trooswoorde 46

Waves 48

Kieliekind
vir Benjamin

Kieliekind
skaterlag
maak jy my dag!
Seesandsproetjies
reuse-hande
diepspoor-voetjies
ondeunde jy
fluister soetjies vir my
elke aand as jy voor slapenstyd
so sag oor my hare streel
oeg, my 140km/uur kind
jy't jou ma se hart kom steel!

Hoog ref
gou in die rooi
jy is kwaai, jy is lief, jy is so mooi!
Wilder as die wildtuin
holderstebolder
in alles in!

Slaksakseuntjie,
warrelwind
ons slimkop
sokkerkind!

Koggelkind
vir Gideon

Koggelkind
Koningskind
Hoe het ons dit met jou?
Van voor jou geboorte af geveg
vir jou lewensreg
en 'n hele jaar lank so
dat enig mens wat nie vantevore het nie
deur hierdie kind
in wonderwerke glo!

Jy leef groot
met jou hartjie tog so klein,
Waar jy gaan steel jy harte,
met jou eie hart so rein
God se vegter
so wys, so groot, so klein
Grapkas, familiegom
na ons gekom
en almal vrek oor hom!

Soen sal jy nie soen nie,
maar hartedief my nou!!
Sjokolade-poele drink ons in
ons weerstand geen tot min

Praat praat praat
Só, só slim
Koggelkind, Jesuskind
Hoe besonders begaafd
Hoe besonders bemind!

Die Voëltjie-Vergadering

Die voëltjies hou vergadering
en met so baie voëltjies bymekaar
is dit maar
báie deurmekaar!

Die opgewondenheid oor die wedersiens:
oorweldigend sensories!
sommige sing uit volle bors,
ander vertel hul stories.

Dis 'n gekwetter, 'n gefluit en 'n gekraai,
die mamma-voëltjies geniet 'n bietjie skinder,
die pappa-voëltjies braai
die oumas en oupas is vlugvoos
en daar doer spartel en leer-leer vlieg
die voëltjie-kroos

"Orde!" roep Oupa Uil meteens
en al die voëltjies van oraloor
fladder vinnig na voor
hul gaan sit netjies in 'n ry
op die telefoonlyn
dat dié se maag sommer hang van die pyn!

Vandag vat Oupa Uil weer sy tyd -
die kleintjies het lánkal saggies verdwyn
en selfs die groot voëls se ogies trek klein

Teen die tyd dat Oupa Uil afsluit

is die grootouers hul bewustheid kwyt
en het al die families hul koelhouers uit

Dit kuier bietjie hier en
pik-pik daar,
in die poeletjies word daar omtrent baljaar!

Voor hul weet is die dag verby
en die vergadering klaar –

"Sien julle weer volgende jaar!"

'n Sprokie elke dag
Vir Van Wyk

Uit 'n mallemeule
dan op die strand,
'n Franse kristalskoen
of 'n stof mielieland-soen
waar ons ookal is
daar kom vat jy my hand
en maak elke dag 'n sprokie
wat jy met jou menswees
en jou lewe vertaal

Vir my't jy kom omdolwe,
soos 'n myn ontgin,
want geloof het jy in oorvloed
en twyfel maar min
jy't my voete vlerke kom maak
elke tree my laat sweef
jy't my leer lag, leer huil, leer lééf.

V'dag is my binneste weer drie jaar oud
vol borrel, vol droom, vol skatkiste goud
en die enigste moeilik van v'dag
is die stadig in die gangetjie af
want eintlik wil ek hardloop
soos die wind
in jou arms in
en net daar bly

tot ons altwee baie plooie
en gryshare kry.

'n Sprokie elke dag,
dit is my lewe
en almal weet jy's die rede
In die hand van 'n groter hand
wat Sy seën oor ons laat reën
en die dankies dans
soos skoenlappers die hele ek deur:
"Mevrou" – wat 'n voorreg, wat 'n eer!

Daar voor in die Bruid van ons Heer
wag jy vir my
my Bokka van bo
lewenslange wonderwerk
ek glo!

Suurlemoene in Sorrento

Seelug,
suurlemoen,
skilderagtig
blou, geel en groen
Limoncello vloei in jou strate
suurlemoenbome bars uit hul nate
vroliker as vrolik
blyer as bly
maak jy
die wonderskone
Amalfi vir my!

In die laatmiddagson
sing ons luidkeels joviaal
saam die Italianers
in iets wat klink soos
ons almal se taal!

Verleidelike sjokolade-suurlemoen bon-bons
voer my vêr heen,
my weerstand: absoluut nul tot geen!
Napels, Vesuvius en Pompeii
van almal, Sorrento,
bly jy
die heel mooiste vir my!

As jou woede in my worstel

As jou woede in my worstel
en jou kwaad in my kom draal,
as jou woorde in my kop eggo
en jou weersin my binne maal,
as jou baklei so in my keel kom sit
voel ek hoe word my hele buitenste spook-
kerswaswit

My vrede is gegryp
vermorsel
vertrap
jy sien my nie kwyn nie
vir jou's dit 'n grap
ek voel skoon siek
skoon naar
en ek voel hoe kruip smorend
sieldodend' gevaar

Ek het geen reaksie,
geen woorde
geen taal
my vreugde verpletter
my hart, my vreugde
so wreed gesteel, gevat
kom haal.

Dear _____,

My dear _____,

In the midst of all this chaos,
In the midst of all of this,
I just want to make a few things clear
which I'd hate for you to miss:
You will not break me,
You will not take me,
You will not mentally rape me
ANYMORE.

You will not suck the life out of me
or drain me to the point of no return,
Kill, I will not kill myself
and burn I will not burn.
Drown I won't drown
in a bottle or at sea,
Damaged for life,
but unbreakable am me.

A heart might be broken,
all to an end.
But I will rise and I will simply rise again!
Change you will not change me,
I am who I am.

Down, down I will not go,
whether together,
nor alone.
My soul is not your trophy,
And your house is not my Home.

Home is where the heart is

Home is where the heart is
or so they say,
but what if it is broken
or shattered
or scattered
or sore?

Home is where the heart is
meant to be,
Meant?
Mend?
Fixed?
Repaired?

This home is empty
and so it will remain,
'cause when this home is broken
a heart it's not again.

There Once Was a Woman

There once was a woman
who once was a girl
She had stars in her eyes
and glitter in her hair
she had hope in her heart
she had dreams in her head
but one day something happened
Something that someone had said -
and the girl who was a woman
felt numb, felt dead.

Words. Oh, the power of words!
words that can't kill the body
but certain the soul
the woman stayed down
low, low, low
for a long time she was there
but slowly the girl got up

From the lowest she's ever been
and from a girl in the dust
rose the woman
rose a queen
a warrior if you will   -
the woman was unbreakable
her soul was fearless,
her heart was still.

Kersfees in Kathu

Kersfees kerk.
Kersfees kuiers.
Kersfees kos.
So ken ek Kersfees mos.

Plaas.
Karasburg.
Mosselbaai.
Pretoria.
Christusfees geografie-historia.

Maar toe kom my Kalahari-Kersfees:
Kersfees in Kathu.
En ek wonder hoe
Kersfees is
daar waar daar niks is nie.

Langpad paartjie,
motorgemak,
murmer maar lekker
oor die gepak
en die
dagreis ver pad
onwillekeurig my gedagtes aan die tog
van 'n vader en 'n moeder
wat so swaar moes dra.

Hoog swanger op 'n donkie,

(kyk die donkies langs die pad!)
dae lange reis
hul baba die Koning
hul baba die Prys.

Geen hotel,
       geen herberg,
              geen huis.

Soos die warm Kalahari-son,
voel ons die warmte,
die liefde,
 toe ons by ons moeder kom:
daar is geen groter liefde as dit nie.

Stil Boney-M
se stem
deur sonbesies en fisante,
weg met die winkels,
geen rye,
geen klante.

Welkom, o stille nag!
Welkom, o stille dag!

Kunsmatige kersbome?
Asemrowende Akasias pryk!

Die pendorings steek dwarsdeur my siel:
daai deurborende doringkroon
so verniel
die son sak pers
en my mond bly droog.

My Kalahari-Kersfees
Kersfees in my hart
mense-redding
God's smart
geen kreunende kombuis nie
ek wonder hoe Hy voel?

Almag baba,
Martelmens.
Kersfees.
Koning.
Krip.
My Here, My Here!
My trane drup.

My Stofpad-Koning

Ek dink aan Betanië:
oorstelpte gedruis
elke knie, elke tong, elke hart, elke huis
"Hosanna!" "Hosanna!"
Sagaria seeg
waai ons takke, stofpadklere
Ons Koning! Ons Messias! Ons Here!

Jerusalem juig nie
Jerusalem is stil
waar's die swier?
waar's die wonder?
tempelstilte gil...

Wat van ons Koningsdrome?
Óns wil?
Ons wil! Ons wil! Ons wil!

Ek dink aan die donkie
wat so verward moes wees:
die heiliges verafsku,
die eenvoudigstes vier fees!

Maar nes haar eienaar deur die Gees gelei:
"Here Jesus Christus,
werk in my!"

Maak my ned'rig
maak my sterk
duidelik met U kruis gemerk.

Hosanna! Hosanna!
My siel roep dit luid
My stofpad-Koning
Ek sien uit!

Hesti-kind
vir Hesti-

Hesti-kind, met jou Hanna-hart
en onwrikbare geloof,
v'dag staan ons soos 'n muur om jou,
'n muur om jou dienende Maria-hande hoog te hou,
om jou biddende knieë te kom balsem smeer
en om te kom help dra aan jou stukkende seer.
ons siele-smag om meer te doen,
en die ondraaglike wete dat ons net nie kan nie.

Met haar diepe mooi bring sy vandag
'n vuurvegtersweermag bymekaar
'n gebedspeleton
net vir haar.

Hesti,
Hesti van satyn en staal,
Afrikaans is ons woorde,
maar bid is ons taal
ons is nie die hoofkarakter in jou storie nie,
maar ons leef saam met jou jou verhaal
en wanneer en hoe alleen dit ookal soms mag voel,
weet net dit, Hesti–kind
die hoofkarakter in jou storie
is ons heldin

ons dra jou op ons skouers,
ons eer jou, respekteer jou
jy veg so moedig voor
ons hou jou in ons gebede vas:
"Here, hou haar vas, gee haar krag!"
Ons Here antwoord: "Ek is by my Hesti-kind. Ek hoor."

Petrus prinses

Skepperskroon.
Beeldskoon.
Genade. Grasie. Vroue-hart.
Vaders-vrede: vreug of smart.

Satyn sagte woorde stil sy storms
sterke wese in vele vorms
onuitputbare bron van krag,
jy, Godsvrou met Godsgesag.

Oog-appel van ons Heer,
Geloofsvrou tot Sy eer.
straal sy Sy liefde,
eindeloos eg,
biddend,
dienend
en
opreg.

Leef jou lewe,
onverskrokke
daaglikse, lewende Christus-les
allerpragtigste Petrus-prinses!

Hanna-vrou

Hanna-vrou,
Hanna prewel, sy bid,
sy smeek, sy rou
tempelvloer traanbedrup
"Hanna is dronk"
haar lyf ruk.

Hanna, begenadigde van God
jy's geskel, jy's verwerp.
Bespot.

Verhoor is jou gebede,
onverskrokke jou geloof
jou leë moederskoot
'n halfdosyn groot
Samuel se voetjies
trippel deur die tempel
afgesmeek
wat geloofsheld heet

Maak my hart Here so Godsgetrou
soos die hart van U mooiste Hanna-vrou.

Die Lapsakdoek

Die lapsakdoek
het Ouma altyd gesê
is elke vrou beskore
sag en strelend
vir rooi gehuilde wangetjies
met trane wat so kosbaar is
is dit net 'n lapsakdoek wat die antwoord is
"n Snesie vir die neusie!"

Maar jou trane.
nee jou trane vang jy in 'n lapsakdoekie vas
en wanneer jy daai lapsakdoek met jou eie hande
was
en met groot sorg droog
droog jou trane en jou hart net so skoon,
droog hulle rein en mooi,
want trane is te kosbaar om in die asblik te gooi!

Môre vou ons ons lapsakdoek weer met die grootste
sorg
en ons spuit 'n titelseltjie parfuum
dat wanneer ons kosbare trane weer loop
onthou ons die spesiaal, die sag, die hoop...

Witte-wolke-wonder-God

Plek in die herberg was daar nie
weggejaag is Hy
onwelkome aarde
waar die heelal Heer
tussen ons kom bly.

Houtkruis Herder
murgbeen mens
oorwin die diepste dood
vrede
God van Liefde
God van Lewe
my God van Hoop.

En wanneer Almag my eendag
aan my hand kom haal
Hemelvaart, heilstuiste berei U reeds vir my
Witte-wolke-wonder-God
basuin U Gees in my!

Water loop, losgekoop
Wolke-roete-reis.

Hemelwoning, Hemelkoning!
Hemel. Herder. Huis.

Ek groet jou

Ek groet jou.
My bors, my keel, my hart trek toe
die wêreld gaan staan
morsdoodstil
my trane sit vas
dit verdrink my
dit versmoor my
dit bars los
soos 'n vulkaan
bars dit uit
uit 'n plek waar die seer so diep vaskleef
dat ek nie geweet het
daar is so plek binne-in my nie.

Ek groet jou
ek voel dol-dolleeg
ek voel naar en siek
ek groet jou
ek weet nie hóé nie
dit gebeur net
ek groet jou
ek weet nie hoe nie
maar ek weet ek het.

Holy Ground

I stood there next to your bed
holding your hand
stroking your head
honouring your last breath
and the last words you said.

Each of these moments engraved in my mind
never forgotten –
so warm, so loving, so kind
but what I've seen
what I've heard
nothing will ever compare
to what I've felt the day.

I was standing there:
the peace, the indescribable peace
I felt to my knees!
the presence, an Almighty presence
mesmerising spiritual essence!

Gleaming, glowing,
sacred face
true amazing grace!
sweet the sound
Home. You're found.
I stood on holy ground.

Geleende Tyd

Ons is almal maar hier op geleende tyd.

Geléénde Tyd.
en geleende tyd
is tyd wat nie wag nie
tog énige tyd kan stop.

Geleende tyd draal nie
dit draai ook nie terug nie
geleende tyd snel.

Tik... Tik... Tik...

Dit stap nie net aan nie
tyd loop uit
geleende tyd is inderdaad net geleen.

Dit word gegee
en dit word geneem.

In die fladder van die vlinders

In die fladder
van die vlinders
in die oë van jou kinders
in die witste wolke
in die see se golwe:
dáár sien ek jou.

Jou prentjie-glimlag
donsveertjiesag
bring die mooi in die verlange van elke dag
vriendelikheid, warmte
vul elke vertrek:
dáár voel ek jou.

In lirieke wat bind
die lag van 'n kind
in musiek wat jou binneste laat bewe en bruis
in die stille vrede van ons huis:
dáár hoor ek jou.

In die rose se geure
die kerk se houtbanke- en deure
jou parfuum
jou satynsagte soene en klere:
dáár ruik ek jou.

As my hart brand van verlange
sal my sintuie sing
om totdat ons weer bymekaar is:
elke dag 'n stukkie van
jou vir my te bring.

Legacy

Legacy is what will be when you no longer are,
the you that stays near when you're unreachably far.

It is not what we leave, nor what remains behind,
it's what will be living on long after you have gone.

Legacy is not defined by what first comes to mind:
it's not inheritance,
remembrance,
nor achievements in vain.

Legacy is what will be when you no longer are,
and nothing materialistically, nor superficial so
will ever last longer
than what you leave behind
to make the stayers stronger:

not fear, but faith
not flare, but care
not meetings, but teachings
not hurt, but heart
not coolness, but kindness
not hate, but love

and time spent with your loved ones
is the best times of all.

Man, oh man

Man, oh man,
How wrong was I?!
about the birds and the bees and the blue-blue skies
I thought I won it,
but I paid the price,
your body on fire, your heart of ice...

The heat of all the deserts in the world was not warm enough
to describe my heart, my passion, my love.
Ocean and oasis everywhere –
how could I've been the only one there?!

You looked me right in the eyes
The empty. The strength. The lies.
Soulless sick
Another guy?!
How and when and why, why, why?!

I prayed you to be my wife.
Instead you destroyed my entire life.
Man, oh man,
How wrong was I?!
about the birds and the bees and the blue-blue skies.

Life in death

Liberation came for me
the day I made peace with death
when I accepted every life has a beginning
and every life has an end.

I made peace with God
as the Creator
and I made peace with God
as the Taker.

I made peace with God
when I knew who He was:
the Almighty Creator Who breathes creating
my loving Lord Who's heartbroken when taking
crying every tear with me.

I see Him hugging me
holding me:
"My dear, dear child."

Never was His wish
for perfection to end
for paradise to lack
or us to turn our back.

Yet, when we did
He sacrificed His own blood Son
in horror, in humiliation
to save us once and for all

unconditional love
sacrificed salvation.

Free will sounds easy
free will is not
free will we wanted
free will we got
my life might end today
tomorrow
or in decades' time.

I might be two
I might be twenty
or going on ninety
who knows?

But Who knóws!
My Creator!
My Salvator!

My earthly end
only the beginning
of my holy, longed for eternal life
oh, Paul -
death indeed is life
and life ís death.

Liberation came for me
the day I made peace with God,
the day I made peace with life,

the day I made peace with death.
I cherish every hour
I live every breath.

Treurwilger trane

Daar op die bankie
langs die koele waterstroom
in die skadu van die takke
van die mooiste wilgerboom
dáár bedaar my siel.

Na waters waar rus is
lei jy my heen
ek voel jou
my omvou
in Gods almagseën
veral op die dae
wat ek daar sit op die bankie
en dit so saggies reën.

Treurwilger trane
daar op die bankie
langs die waterstroom
droog my trane
troos my treur,
asseblief treurwilgerboom?

Ouma Letta

Ware, wyse wondervrou,
wat ons so sag teen haar lyf kon hou
die wêreld se liefde, die wêreld se hoop,
die beste plek denkbaar: ons ouma se skoot!
genesende gawe dokter sy ons
met haar Lennons en rate en louwarm spons,
kerk-kombuis wat menig' siel en liggaam voed,
sorg sou sy sorg, sy was net goed!
haar onwrikbare geloof, haar lewensraad:

"Kindjie, net bid en altyd mooi praat."
Met die heel minste was sy tevrede-
vir haar God en haar mense – haar lewe.
Daai spierwit hare en ysblou oë
verlang ons so –
veral wanneer ons dink
aan skaapribbetjies en 'n ou whiskeytjie drink!

Pragtig en netjies sou jy haar altyd kry,
tot die laaste ure trots gebly.
Mag ons haar vereer, leef haar hart voort:
"Verdiep jul in gebed, hou vas aan Gods Woord,
Soek allereers die Koninkryk van God."

Pad in die woestyn

Babavoet-sandspoortjies
diep kom trap
woestynwortels diep gesetel
in Suidwes se hart.

Atletiekbaan.
rugbyveld.
jagseisoen.
mense mens.
yster.
kampioen.

Stilste,
sterkste
bedeesde reus
kleine hart.
Grote gees.

Jou kospotte prut en
brand brand jou vuur
want 'n vleisie of 'n kossie
is daar ter eniger uur!

Diepe waters... stille grond
jou vrou
jou kinders en jou hond
suide lewenspad waardig geloop
Karasburg. Keetmanshoop.
Eer ons, ons ouboet

ons vooruit
gans te lank voor sy tyd
oud, jonk, groot of klein-
ons kalmte. ons anker
ons pad in die woestyn.

Skemerson

Saans,
as die skemerson so in my siel kom sak
en die donker in my gemoed kom sit,
as die seerste verlange my die nag in sleur
en ek te moeg is om te bid,
as my asem weg raak
en my trane op die grond drup en drup
dan vou ek jou foto in my arms toe
en gee jou die styfste druk.

Ek voel jou.
ek ruik jou.
as ek jou
maar net nog een keer
kon styfffff vashou,
die wêreld weet ek wou!
die Here weet ek sou!

Eendag
eendag sal ek weer
tot dan hou ek jou foto vas
elke keer
as die skemer kom
en die son so salig sak.
elke liewe keer.

Sometimes

Sometimes the noise fades
and all quiets down,
sometimes the rush takes a break
and all slows down,
sometimes the storm settles
and all calms down.
Sometimes life turns upside down.

Sometimes everything that mattered
matters no more
what is real, what is important
has meaning now
meaning so deep, so different
 than ever before.

Sometimes
the end makes us value the beginning
and beginning the end
the meaning of sincerity
of love, of family
of a real, true friend.

Sometimes
through pain we find peace
God on our knees
in grief consolation
in death, life.

What matters most,
What really matters in life
by God, we learn.
Sometimes...

Sonstraalsoene

As die seerste seer
so in my siel kom sit
voel ek jou
sonstraalsoene teen my wang kom druk.

In die wit van die wolke hou jy my vas
jy leef in my lewe
en ek wens jy was.

Wanneer die nag se donkerste donker
my swaar kom soek
hoor ek jou stem
my na die lig toe roep.

Jy los nie my hand nie
jy's altyd by my
Ver en vir ewig
dog nader as ooit
ek wens gister was nog
en nou was nooit!

Die lig roep.
Ek hou.
Ek hoop.

Kon jy maar net gou
na my toe loop.

Maar eendag
O, eendag is ons weer saam!

Tot dan, my lief -
lief my in die bloeisels
en die glinster in die maan.

It's about faith

It's not about trust
It's about faith.

It's not about talking
It's about praying.

It's not about telling
It's about doing.

It's not about hoping
It's about knowing.

It's not about feeling
It's about believing.

It's not about trust.
It's about faith.

Today tomorrow

Today tomorrow
is yesterday,
what is will be was
and what was
fades.

Go will be went
and what was to come
will have gone.

Experiences mere memories
the future and the past
some forgotten
some to last.

Once a newborn's cry
now a last goodbye
which no one knows when.

But when, when comes
let it be in peace then.

Trooswoorde

Trooswoorde is nie praatwoorde nie,
dis daadwoorde.
deurdagte daadwoorde
wat nie in die mond gevorm word nie
maar in die hart.

Dis 'n siele–taal wat spreek in die stilte
die opperste vorm van 'n omgee-gees
wat die mens net
in sy gebrokenheid kan wees.

Dis die daar-wees wanneer almal anders gaan
'n bord kos, 'n koppie tee of die help opstaan
dis 'n boodskap of 'n inloer
wanneer almal aanbeweeg
dis die vol maak van 'n suikerpot
want anders bly dit leeg.

Trooswoorde tref nie soos pyle nie
dit breek nie, dit preek nie
en sal nooit vergeet nie.

Trooswoorde is geen goedkoop cliché
wat die seer seerder maak
en 'n nie bittersmaak laat bly.

Dis trooswoorde wat sag vashou
wat omvou
wat moed hou
wat aanhou
dis 'n stilgebed
want trooswoorde is ál wat sy nou het.

Trooswoorde vermy nie, baklei nie
en gaan nooit verby nie
trooswoorde treur saam
tree-vir-tree
traan-vir-traan.

Waves

Waves come
and waves go
some swell
some don't
tides ebb
tides flow
all come
and all go.

Once born
it belongs to the sea
and the sea decides
what will be:
　sometimes the wave waltzes in the wind
　　sometimes the wave is a play paradise
　　　sometimes the wave crushes
　　　　sometimes the wave cries
　　　　　sometimes the wave washes
　　　　　　and sometimes it dies.

The thing about waves though:
they never ever stop
into eternity they go on, and on, and on.

Waves come
and waves go
life's the same
you know?

Smoke & Mirrors

If everything was plastic
I'd understand this emptiness
that filled all I feel

If everything was broken
I'd understand this hurt
that shattered
all I am

If everything was boulders
I'd understand this unbearable weight
that dragged down
suffocated me

If only revelation could save me
If only secrets and sins were shared
false gods'd fall
And I'd be free from it all
Smoke and mirrors.
That's all.

Godsverlate?

Godsverlate.
Godsverlate.
Verlore, vernietig, verwoes.

Maar Godsverlate?
Nooit-ooit nie, my Here,
My God:

Gemartel, gegesel, gekruisig, gespot:
"Eli, Eli Lamasabagtani?!"
skrillende, verbryselde kreet
sodat die wêreld kon heet,
geskud het, geskeur het
Ligloos in duister gehul
Laaste Messias-asem. Laaste skree. Laaste gil.
Stil.

Maar so het Hy Godsverlate
alleen gedra
sodat ek en jy nooit-ooit hoef nie,
geen gee, geen doen, geen soebat, geen vra.

Godsverlate. Hy was die Een wat dit sou dra.
Die Eerste en die Laaste.
Godsverlate mens?!
Nee, my Here.
Mensverlate God.

Geagte Leser

Ons hoop dat u ons boek geniet het en dit boeiend gevind het. U terugvoer is baie belangrik vir ons en vir toekomstige lesers.

Ons sal dit baie waardeer as u 'n paar oomblikke kan neem om 'n resensie op Amazon te skryf. U mening help ander om ingeligte besluite te neem en dit help ons om beter te verstaan wat ons lesers waardeer.

Baie dankie vir u ondersteuning!

Vriendelike groete

Die Malherbe Span